Basia and the Forest Fireflies And Other Bilingual Polish-English Stories for Kids

Pomme Bilingual

Published by Pomme Bilingual, 2024.

While every precaution has been taken in the preparation of this book, the publisher assumes no responsibility for errors or omissions, or for damages resulting from the use of the information contained herein.

BASIA AND THE FOREST FIREFLIES AND OTHER BILINGUAL POLISH-ENGLISH STORIES FOR KIDS

First edition. November 10, 2024.

Copyright © 2024 Pomme Bilingual.

ISBN: 979-8227809605

Written by Pomme Bilingual.

Table of Contents

Kaja i Tęczowy Smok

W małej wiosce w Zakopanem mieszkała dziewczynka o imieniu Kaja. Była bardzo ciekawa świata i uwielbiała poznawać nowe miejsca. Każdego dnia po szkole biegała po łąkach i wspinała się na wzgórza, wyobrażając sobie, że jest wielką odkrywczynią. Ale to, co miała odkryć, było bardziej niezwykłe niż wszystko, co sobie kiedykolwiek wyobrażała.

Pewnego słonecznego dnia, kiedy promienie słońca przebiły się przez chmury, Kaja zauważyła coś niesamowitego. Między górami w oddali pojawił się delikatny blask, który migotał w kolorach tęczy. Zaintrygowana, postanowiła zbadać, skąd pochodzi ten magiczny blask. Po długiej wędrówce przez las i wspinaczce na strome zbocza dotarła do ukrytej doliny, której wcześniej nigdy nie widziała.

Na środku doliny siedział ogromny smok o łuskach we wszystkich kolorach tęczy. Był łagodny i spokojny, a gdy zobaczył Kaję, uśmiechnął się do niej serdecznie.

– Witaj, mała odkrywczyni – powiedział smok łagodnym głosem. – Nazywam się Tęczowy Smok. Mieszkam tu od setek lat, ale rzadko spotykam ludzi tak odważnych jak ty.

Kaja poczuła, że jej serce bije szybciej. – Nigdy wcześniej nie widziałam smoka! – wykrzyknęła. – Jesteś prawdziwy?

Smok skinął głową. – Tak, jestem prawdziwy, choć rzadko pokazuję się ludziom. Ale widzę, że masz w sobie wielką odwagę i ciekawość. Czy chciałabyś przeżyć ze mną magiczną przygodę?

Kaja była zachwycona i od razu się zgodziła. Smok zaprosił ją, aby wspięła się na jego grzbiet, i razem wznieśli się w powietrze, unosząc się nad Tatrami. Kaja patrzyła z zachwytem na piękne góry, łąki i lasy, które mieniły się pod nimi w blasku tęczowego smoka.

Podczas ich podróży Tęczowy Smok opowiadał Kai historie o dawnych czasach, kiedy smoki i ludzie żyli obok siebie, pomagając sobie nawzajem i ucząc się od siebie. Uczył ją, że odwaga to nie tylko siła fizyczna, ale również serce, które nie boi się odkrywać nowych rzeczy i poznawać innych, nawet jeśli są zupełnie różni od nas.

Po drodze spotkali też różne stworzenia zamieszkujące Tatry – wesołe kozice, ciekawskie lisy i majestatyczne jelenie. Wszystkie zwierzęta zdawały się znać smoka i witały go z szacunkiem. Kaja uczyła się, że każde z tych stworzeń jest ważne i ma swoje miejsce w świecie.

Pod koniec dnia Tęczowy Smok wrócił z Kają do doliny. Gdy Kaja zeszła z jego grzbietu, poczuła, że coś się w niej zmieniło. Była teraz odważniejsza i bardziej otwarta na świat. Nauczyła się, że piękno różnorodności i przyjaźni można odnaleźć w każdym miejscu, nawet wśród najdziwniejszych stworzeń.

– Dziękuję ci, Tęczowy Smoku – powiedziała Kaja, uśmiechając się. – Nauczyłeś mnie wielu ważnych rzeczy.

Smok skinął głową i powiedział: – Pamiętaj, że świat jest pełen magii, jeśli tylko otworzysz swoje serce. A gdy tylko zatęsknisz za przygodą, wróć tutaj – będę czekał.

Kaja wróciła do swojej wioski, wiedząc, że miała przyjaciela w Tęczowym Smoku i że gdzieś w sercu Tatr kryje się magia, gotowa czekać na każdego, kto odważy się marzyć.

Kaja and the Rainbow Dragon

In a small village in Zakopane, there lived a girl named Kaja. She was very curious about the world and loved exploring new places. Every day after school, she ran through the meadows and climbed hills, imagining herself as a great explorer. But what she was about to discover was more extraordinary than anything she had ever imagined.

One sunny day, when the rays of the sun broke through the clouds, Kaja noticed something incredible. A soft glow appeared between the distant mountains, sparkling in all the colors of the rainbow. Intrigued, she decided to investigate where this magical light was coming from. After a long walk through the forest and a climb up steep slopes, she reached a hidden valley she had never seen before.

In the center of the valley sat a huge dragon with scales in every color of the rainbow. He was gentle and calm, and when he saw Kaja, he smiled warmly at her.

"Hello, little explorer," the dragon said in a soft voice. "My name is Rainbow Dragon. I have lived here for centuries, but I rarely meet humans as brave as you."

Kaja felt her heart beat faster. "I've never seen a dragon before!" she exclaimed. "Are you real?"

The dragon nodded. "Yes, I am real, although I rarely show myself to people. But I see you have great courage and curiosity. Would you like to experience a magical adventure with me?"

Kaja was thrilled and immediately agreed. The dragon invited her to climb onto his back, and together they soared into the air, rising above the Tatras. Kaja gazed in awe at the beautiful mountains, meadows, and forests below, all shimmering beneath the rainbow-colored dragon.

During their journey, the Rainbow Dragon told Kaja stories about ancient times, when dragons and humans lived side by side, helping each other and learning from one another. He taught her that courage is not only about physical strength but also about the heart, which is not afraid to discover new things and meet others, even if they are completely different from us.

Along the way, they encountered various creatures that lived in the Tatras – cheerful goats, curious foxes, and majestic deer. All the animals seemed to know the dragon and greeted him with respect. Kaja learned that each of these creatures was important and had its place in the world.

At the end of the day, the Rainbow Dragon returned with Kaja to the valley. When Kaja dismounted from his back, she felt that something had changed within her. She was now braver and more open to the world. She had learned that the beauty of diversity and friendship could be found everywhere, even among the most unusual creatures.

"Thank you, Rainbow Dragon," Kaja said, smiling. "You've taught me many important things."

The dragon nodded and said, "Remember that the world is full of magic, if you only open your heart. And whenever you long for an adventure, come back here – I will be waiting."

Kaja returned to her village, knowing that she had a friend in the Rainbow Dragon and that somewhere in the heart of the Tatras, magic awaited, ready for anyone brave enough to dream.

Olek i Czarodziejski Pieróg

Olek mieszkał w Krakowie, w pięknym, zabytkowym mieście, które słynęło z wspaniałych tradycji i pysznych potraw. Chłopak był bardzo ciekawski, a jego największą pasją było gotowanie. Od kiedy miał cztery lata, pomagał swojej babci w kuchni, ucząc się przepisów na najróżniejsze dania, ale najbardziej uwielbiał robić pierogi.

Pewnego dnia, gdy Olek bawił się w piwnicy, natknął się na stary, zakurzony przepis. Był to magiczny książka, pełna tajemniczych receptur i zapisków. Na jednej z pierwszych stron przeczytał: "Czarodziejski Pieróg – jedz i spełniaj swoje marzenia." Olek pomyślał, że to świetny pomysł i postanowił wypróbować przepis.

Przepis był bardzo prosty – wystarczyło wymieszać mąkę, jajka, trochę wody i przypraw, a potem nadać pierogowi kształt, który odzwierciedlał jego największe marzenie. Olek zamieszał składniki, lepił pierogi z pełnym zaangażowaniem, aż w końcu uformował jednego, który wyglądał trochę jak smok. Był gotowy! Ugotował go i z wielką niecierpliwością zjadł.

W mgnieniu oka poczuł, jak coś niezwykłego zaczyna dziać się z jego ciałem. Po pierwsze, Olek poczuł się niesamowicie silny, jakby miał supermoc. Wyskoczył przez okno, stanął na parapecie i... nagle zaczął lewitować! Olek unosił się w powietrzu, jakby był lekkim jak piórko. Przestraszył się na chwilę, ale potem poczuł radość i zaczął tańczyć w powietrzu, wirując w kółko.

Po chwili Olek wylądował na ziemi i zauważył, że jego pierogi naprawdę miały magiczną moc. Z każdym nowym pierogiem, który zrobił, zyskiwał inną, wyjątkową umiejętność. Jeden pieróg dał mu zdolność rozmawiania ze zwierzętami – teraz mógł rozmawiać z kotami, psami, a nawet ptakami. Inny pozwolił mu przemieszczać się błyskawicznie z miejsca na miejsce, niczym teleportacja!

Olek szybko zrozumiał, że nie może trzymać swojej mocy tylko dla siebie. Postanowił zrobić pierogi dla swojej rodziny, żeby każdy mógł poznać magię gotowania. Wspólnie z rodzicami i babcią zaczęli robić pierogi, a każdy z nich odkrywał swoją unikalną moc. Babcia, dzięki specjalnym pierogom, mogła rozśmieszyć każdego swoją wesołą piosenką. Tata dostał zdolność zmieniania pogody, a mama mogła sprawić, że kwiaty w ogrodzie zaczynały kwitnąć, nawet w zimie!

Wkrótce cała rodzina zaczęła lepić pierogi razem, każdy wybierając, jaki kształt i nadzienie pieroga ma mieć, by odkryć swoją wyjątkową zdolność. Olek nauczył się, że prawdziwa magia tkwi nie tylko w jedzeniu, ale w dzieleniu się z bliskimi tym, co najlepsze – w miłości, tradycjach i wspólnym czasie spędzonym razem.

Dzięki czarodziejskim pierogom rodzina Olka stała się silniejsza, a Kraków, ich ukochane miasto, pełne było magicznych opowieści, które opowiadali wszystkim dookoła. Pierogi stały się symbolem nie tylko smaku, ale także rodziny i wspólnoty, bo najpiękniejsza magia to ta, którą dzielimy z innymi.

Olek zrozumiał, że najważniejsza magia to ta, która łączy ludzi i daje im siłę do pokonywania wszelkich trudności. A jego przygody z czarodziejskimi pierogami na zawsze pozostały w sercach jego bliskich.

Olek and the Magic Pierogi

Olek lived in Kraków, a beautiful, historic city famous for its wonderful traditions and delicious food. He was a very curious boy, and his greatest passion was cooking. Since he was four years old, he had helped his grandmother in the kitchen, learning recipes for all sorts of dishes, but his favorite thing to make was pierogi.

One day, while playing in the basement, Olek stumbled upon an old, dusty recipe book. It was a magical book, filled with mysterious recipes and notes. On one of the first pages, he read: "Magic Pierogi – eat and make your dreams come true." Olek thought this sounded like a great idea, so he decided to try the recipe.

The recipe was very simple – all he needed to do was mix flour, eggs, a little water, and some spices, then shape the pierogi to reflect his greatest dream. Olek mixed the ingredients and made the pierogi with great enthusiasm, until he finally formed one that looked a bit like a dragon. It was ready! He boiled it and, with great impatience, ate it.

In the blink of an eye, Olek felt something extraordinary begin to happen to his body. First, he felt incredibly strong, as if he had superpowers. He jumped out the window, stood on the windowsill, and... suddenly started to levitate! Olek was floating in the air, as light as a feather. For a moment, he was scared, but then he felt joy and started to dance in the air, spinning around.

After a while, Olek landed on the ground and noticed that his pierogi really did have magical powers. With every new pierogi he made, he gained a different, unique ability. One pierogi gave him the ability to talk to animals – now he could talk to cats, dogs, and even birds. Another allowed him to teleport instantly from one place to another!

Olek quickly realized that he couldn't keep his power to himself. He decided to make pierogi for his family, so everyone could experience the magic of cooking. Together with his parents and grandmother, they started making pierogi, and each one discovered their own unique power. Thanks to a special pierogi, Grandma could make anyone laugh with her cheerful song. Dad gained the ability to change the weather, and Mom could make flowers bloom in the garden, even in winter!

Soon, the whole family was making pierogi together, each person choosing the shape and filling of their pierogi to uncover their special power. Olek learned that true magic wasn't just in food, but in sharing the best things with loved ones – in love, traditions, and the time spent together.

With the magic pierogi, Olek's family grew stronger, and Kraków, their beloved city, was filled with magical stories that they shared with everyone around them. Pierogi became a symbol not only of taste but also of family and community, because the most beautiful magic is the one we share with others.

Olek understood that the most important magic is the one that brings people together and gives them the strength to overcome any challenges. And his adventures with the magic pierogi remained in the hearts of his loved ones forever.

15

Basia i Leśne Światełka

W małej wiosce na skraju Białowieży mieszkała dziewczynka o imieniu Basia. Była to odważna i pełna energii dziewczynka, która każdego dnia marzyła o nowych przygodach. Uwielbiała spędzać czas w lesie, który był jej drugim domem. Białowieża, z jej pradawnymi drzewami i tajemniczymi ścieżkami, była miejscem, gdzie Basia czuła się najbardziej wolna.

Pewnego wieczoru, gdy słońce powoli chowało się za horyzontem, Basia zauważyła coś niezwykłego. W głębi lasu, między drzewami, zaczęły pojawiać się migoczące światełka. Były małe, kolorowe i poruszały się w rytm wiatru, jakby ktoś grał w chowanego. Basia poczuła, że musi je ścigać. Pomyślała, że to może być jakaś magiczna przygoda!

Z sercem pełnym ekscytacji, dziewczynka ruszyła w głąb lasu, podążając za światełkami. Wędrowała przez gęste zarośla, pokonywała strumienie i wspinała się po mchu, nie zważając na zmieniające się warunki. Światełka wciąż uciekały, ale Basia nie traciła nadziei.

Wkrótce dotarła do polany, gdzie zaskoczył ją widok – na tle wielkich, starych drzew stały fantastyczne stworzenia: małe wróżki, błyszczące jak gwiazdy, i leśne duszki, które miały na sobie szaty z liści i kwiatów. Stworzenia te były jakby częścią samego lasu, ich ciała przeplatały się z pniami drzew, a oczy lśniły jak iskierki.

– Witaj, Basiu – powiedział jeden z duszków, który miał na głowie kapelusz z mchu. – Jesteśmy Leśnymi Światełkami. Prowadzimy ludzi, którzy kochają las i chcą poznać jego sekrety. Ale tylko ci, którzy szanują przyrodę, mogą nas znaleźć.

Basia, choć zdziwiona, poczuła się szczęśliwa, że trafiła w to magiczne miejsce. Wróżka dodała:

– Jesteś odważna, że przeszłaś całą drogę przez las. Chciałabyś poznać prawdziwą moc tego miejsca?

Basia przytaknęła z uśmiechem.

Leśne Światełka poprowadziły ją do ogromnego dębu, którego korona rozciągała się na niebo, a pień miał w sobie wytłoczone tajemnicze symbole. – Ten dąb jest sercem lasu – wyjaśniła wróżka. – Cała Białowieża żyje dzięki takim drzewom jak on. Ale las nie jest tylko piękny, jest także delikatny. Jeśli nie będziemy o niego dbać, wszystko zniknie.

Basia patrzyła na drzewo z podziwem, a wtedy jeden z duszków wręczył jej małą gałązkę. – Ta gałązka to symbol naszej mocy. Kiedy wrócisz do swojej wioski, miej ją przy sobie i pamiętaj o tym, co tu zobaczyłaś. Las musi być chroniony, by mógł nadal dawać życie wszystkim jego mieszkańcom.

Basia obiecała, że zawsze będzie dbała o las i przypominała innym o jego znaczeniu.

Kiedy wróciła do domu, opowiedziała wszystkim o swojej przygodzie. Zrozumiała, jak ważne jest, by dbać o naturę, a Leśne Światełka stały się dla niej symbolem magii, która tkwi w każdej roślinie, drzewie i stworzeniu w lesie. Od tej pory Basia codziennie spacerowała po lesie, zbierając śmieci i sadząc nowe rośliny, by pomagać swojemu ukochanemu lasowi.

I choć rzadko już widywała Leśne Światełka, czuła, że zawsze są z nią – w każdym drzewie, w każdym liściu, w każdej iskierce światła.

Basia and the Forest Fireflies

I n a small village on the edge of Białowieża, there lived a brave and energetic girl named Basia. She loved to dream of new adventures every day. Her favorite place to spend time was the forest, which felt like her second home. Białowieża, with its ancient trees and mysterious paths, was the place where Basia felt most free.

One evening, as the sun slowly sank behind the horizon, Basia noticed something extraordinary. Deep in the forest, between the trees, tiny glowing lights began to appear. They were small, colorful, and moved with the rhythm of the wind, almost as if someone was playing hide and seek. Basia felt a strong urge to chase them. She thought, This could be a magical adventure!

With her heart full of excitement, Basia set off into the forest, following the lights. She walked through thick underbrush, crossed streams, and climbed over moss-covered rocks, undeterred by the changing conditions. The lights kept moving, but Basia didn't lose hope.

Soon, she arrived at a clearing where she was amazed by the sight before her – standing against the backdrop of ancient trees were fantastic creatures: small fairies, shining like stars, and forest spirits dressed in robes made of leaves and flowers. These beings seemed to be part of the forest itself, their bodies intertwined with the tree trunks, and their eyes sparkling like tiny sparks.

"Hello, Basia," said one of the spirits, who wore a hat made of moss. "We are the Forest Fireflies. We guide those who love the forest and want to learn its secrets. But only those who respect nature can find us."

Though surprised, Basia felt happy to have arrived at this magical place. The fairy added:

"You're brave to have made it through the forest. Would you like to learn the true power of this place?"

Basia nodded, smiling.

The Forest Fireflies led her to a massive oak tree, whose crown stretched up to the sky, and whose trunk bore mysterious symbols. "This oak is the heart of the forest," explained the fairy. "Białowieża lives thanks to trees like him. But the forest is not only beautiful; it's fragile. If we don't take care of it, everything will disappear."

Basia gazed at the tree in awe, and then one of the spirits handed her a small branch. "This branch symbolizes our power. When you return to your village, keep it with you and remember what you've seen here. The forest must be protected so that it can continue to give life to all its inhabitants."

Basia promised that she would always take care of the forest and remind others of its importance.

When she returned home, she told everyone about her adventure. She understood how important it was to take care of nature, and the Forest Fireflies became for her a symbol of the magic in every plant, tree, and creature in the forest. From that day on, Basia took daily walks through the forest, picking up trash and planting new plants to help her beloved forest.

Although she rarely saw the Forest Fireflies again, she knew they were always with her – in every tree, in every leaf, in every spark of light.

Tomek i Skrzynia

Tomek mieszkał w Gdańsku, jednym z najpiękniejszych miast w Polsce, które pełne było historii, portów i wielkich statków. Chłopak miał niesamowitą wyobraźnię i zawsze marzył o wielkich przygodach. Pewnego dnia, podczas spaceru po starych stoczniach, natrafił na coś, co zmieniło jego życie na zawsze – starą, zapomnianą skrzynię.

Była to masywna drewniana skrzynia, pokryta kurzem i porośnięta mchem. Tomek postanowił ją otworzyć. W środku znalazł nie tylko stare mapy i złote monety, ale również dziwny kamień, który lśnił tajemniczym blaskiem. Kiedy tylko dotknął kamienia, poczuł, jak świat wokół niego zaczyna wirować.

Zanim zdążył zareagować, otoczyła go ciemność, a potem – nagle – znalazł się w zupełnie innym miejscu. Tomek rozejrzał się i zobaczył, że znajduje się w Gdańsku, ale nie takim, jakim znał. Ulice były pełne koni i ludzi w strojach z dawnych wieków. Zrozumiał, że został przeniesiony do przeszłości!

– Co się dzieje? – pomyślał, czując lekkie zdziwienie. W tej chwili podszedł do niego mężczyzna w eleganckim, starym ubraniu.

– Witaj, młody człowieku – powiedział mężczyzna. – Jestem Jan Heweliusz, astronom. Widzę, że przybyłeś z przyszłości. Cieszę się, że mogę cię poznać.

Tomek nie mógł uwierzyć, że stoi przed jednym z najsłynniejszych polskich uczonych. Jan Heweliusz opowiedział mu o swoich badaniach nad gwiazdami, a Tomek chłonął każdą minutę tej niezwykłej rozmowy. To była pierwsza z wielu lekcji, które miał przeżyć.

Po chwili, skrzynia ponownie zaświeciła tajemniczym blaskiem, a Tomek poczuł, że przenosi się w czasie. Tym razem znalazł się w czasie, gdy Polska była pod zaborami. Ulicami Krakowa szły tłumy ludzi, a w powietrzu unosił się zapach pieczonych kasztanów. Tomek podszedł do grupy ludzi, którzy dyskutowali o walce o wolność.

– Jestem Tadeusz Kościuszko – powiedział mężczyzna w mundurze wojskowym. – A ty, chłopcze, musisz wiedzieć, że walka o naszą ojczyznę jest najważniejsza. Pamiętaj, że prawdziwa wolność bierze się z odwagi.

Tomek słuchał z zapartym tchem, ucząc się o bohaterach narodowych i ich poświęceniu dla Polski. Po kolejnej chwili poczuł, że skrzynia ponownie przenosi go do innej epoki.

Tym razem trafił do Warszawy z czasów II wojny światowej. Ulice były pełne zgiełku, a powietrze pełne napięcia. Tomek spotkał grupę młodych ludzi, którzy walczyli w Powstaniu Warszawskim. Ich odwaga i determinacja zapierały dech w piersiach. Jednym z nich był Janek, młody chłopak, który opowiedział Tomkowi o swojej walce o wolność.

– Pamiętaj, Tomek – powiedział Janek. – Prawdziwą wartość ma nie to, co zdobywasz, ale to, co robisz dla innych. Wolność nie jest dana raz na zawsze, musimy o nią walczyć każdego dnia.

Z każdej epoki Tomek wynosił coś niezwykle cennego. Z jednej strony dowiedział się o wielkich Polakach, którzy zmienili historię, z drugiej – zrozumiał, jak ważne jest pielęgnowanie tradycji, odwagi i honoru.

Kiedy w końcu wrócił do swojej własnej rzeczywistości, poczuł, że jest inny. Skrzynia, która go przenosiła, zniknęła, ale Tomek zabrał ze sobą nauki, które miał w sercu. Wiedział teraz, że historia Polski nie jest tylko opowieścią, lecz żywą częścią każdego z nas, którą musimy pielęgnować i szanować.

– Czasami, aby zrozumieć przyszłość, trzeba poznać przeszłość – pomyślał Tomek, wracając do domu.

Tomek and the Chest

Tomek lived in Gdańsk, one of the most beautiful cities in Poland, filled with history, ports, and grand ships. The boy had an incredible imagination and always dreamed of great adventures. One day, while walking through the old shipyards, he stumbled upon something that would change his life forever – an old, forgotten chest.

It was a massive wooden chest, covered in dust and moss. Tomek decided to open it. Inside, he found not only old maps and gold coins but also a strange stone that glowed with a mysterious light. As soon as he touched the stone, he felt the world around him begin to spin.

Before he could react, darkness surrounded him, and then – suddenly – he found himself in a completely different place. Tomek looked around and saw that he was still in Gdańsk, but it wasn't the Gdańsk he knew. The streets were filled with horses, and people were dressed in the fashions of ancient times. He realized that he had been transported back in time!

"What's happening?" he thought, feeling a bit confused. At that moment, a man dressed in an elegant, old-fashioned outfit approached him.

"Welcome, young man," the man said. "I am Jan Heweliusz, an astronomer. I see you've come from the future. I'm glad to meet you."

Tomek couldn't believe he was standing before one of Poland's most famous scholars. Jan Heweliusz told him about his research on the stars, and Tomek soaked in every minute of this extraordinary conversation. This was the first of many lessons he was about to experience.

After a while, the chest glowed again with its mysterious light, and Tomek felt himself being transported once more. This time, he found himself in the period when Poland was under partition. The streets of Kraków were full of people, and the smell of roasted chestnuts filled the air. Tomek walked up to a group of people discussing the fight for freedom.

"I am Tadeusz Kościuszko," said a man in a military uniform. "And you, boy, must know that the fight for our homeland is the most important thing. Remember, true freedom comes from courage."

Tomek listened with bated breath, learning about national heroes and their sacrifices for Poland. After a while, he felt the chest transporting him again to yet another time.

This time, he was in Warsaw during World War II. The streets were full of commotion, and the air was charged with tension. Tomek met a group of young people who were fighting in the Warsaw Uprising. Their courage and determination took his breath away. One of them, Janek, a young boy, told Tomek about his fight for freedom.

"Remember, Tomek," Janek said. "What truly matters is not what you gain, but what you do for others. Freedom isn't given once and for all; we have to fight for it every day."

From each era, Tomek took something incredibly valuable. On one hand, he learned about the great Poles who changed history. On the other, he understood the importance of nurturing tradition, courage, and honor.

When he finally returned to his own reality, he felt changed. The chest that transported him was gone, but Tomek carried with him the lessons he had learned. He now knew that Polish history wasn't just a story; it was a living part of each one of us, something we must care for and respect.

"Sometimes, to understand the future, you have to know the past," Tomek thought as he walked back home.

Zuzia i Skrzaty Lalkarskie

Zuzia mieszkała w Łodzi, mieście znanym z przemysłowych fabryk, ale także z bogatej tradycji lalkarskiej. Od kiedy była mała, uwielbiała opowiadać historie i tworzyć własne lalki. Często spędzała godziny, wycinając, szyjąc i malując różne postacie, które potem ożywiały się w jej wyobraźni. Zuzia miała niezwykły dar – potrafiła wymyślać historie, które potrafiły poruszyć serca wszystkich, którzy je słuchali.

Pewnego dnia, kiedy Zuzia wędrowała po starym strychu w domu babci, natrafiła na zapomnianą skrzynię pełną starych lalek. Były to lalki, które kiedyś babcia Zuzki tworzyła w swojej młodości. Ale to, co sprawiło, że Zuzia zatrzymała się na dłużej, to fakt, że wśród lalek znalazła małych, niezwykłych skrzatów. Skrzaty były zrobione z kawałków drewna, tkaniny i sznurka, ale miały coś wyjątkowego – poruszały się! Były to magiczne lalki – skrzaty lalkarskie.

– Cześć, Zuzia! – powiedział jeden ze skrzatów, skacząc na stole. – Jesteśmy skrzatami, którzy ożywają, gdy ktoś z nas ma w sobie wyobraźnię! – dodał z uśmiechem.

Zuzia nie mogła uwierzyć własnym oczom. Przed nią stały małe skrzaty, które mówiły i poruszały się. Wkrótce okazało się, że każde z nich miało wyjątkowy talent – jeden potrafił tworzyć wspaniałe scenografie, drugi rzeźbił piękne lalki, a trzeci potrafił napisać najlepsze historie.

– Witaj w naszym świecie, Zuzia – powiedział jeden ze skrzatów.
– Możemy pomóc ci ożywić twoje historie. Stwórzmy coś razem!

Zuzia była zachwycona! Z pomocą skrzatów zaczęła tworzyć najpiękniejsze przedstawienia, jakie kiedykolwiek widział świat. Razem rozwiązali wiele problemów, które trapiły ich miasto. Na przykład, kiedy w parku w Łodzi pojawił się ogromny, zapomniany kamień, który nikt nie mógł ruszyć, Zuzia i skrzaty stworzyli spektakl, w którym kamień ożył, a mieszkańcy miasta odkryli, że w środku kamienia znajduje się ukryte źródło wody.

Zuzia nauczyła się, że z pomocą przyjaciół i wyobraźni można rozwiązać nawet największe problemy. Razem z skrzatami zaczęła organizować wielkie przedstawienia, które przyciągały ludzi z całego miasta. W teatrze Zuzki i jej przyjaciół powstały historie, które nie tylko bawiły, ale i uczyły wszystkich, jak ważna jest współpraca, kreatywność i tradycja.

Zuzia zaczęła dostrzegać, jak ważne są tradycje lalkarskie, które mają swoje korzenie w Polsce, zwłaszcza w Łodzi, znanej z tego, że była kolebką teatru lalek. Dzięki skrzatom Zuzia poczuła, że sztuka lalkarska jest czymś, co łączy pokolenia – coś, co ma magię i moc zmieniania świata.

Pewnego dnia, na zakończenie jednego z przedstawień, Zuzia powiedziała do swoich przyjaciół – skrzatów:

– Dziękuję, że jesteście! Dzięki wam mogę tworzyć historie, które ożywają i inspirują innych.

Skrzaty zaśmiały się wesoło.

– Pamiętaj, Zuzia, wyobraźnia jest najpotężniejszą magią na świecie. Razem możemy stworzyć wszystko!

Zuzia and the Puppet Elves

Zuzia lived in Łódź, a city known for its industrial factories but also for its rich tradition of puppetry. Since she was little, she loved telling stories and creating her own puppets. She often spent hours cutting, sewing, and painting different characters that then came to life in her imagination. Zuzia had an extraordinary gift – she could come up with stories that touched the hearts of everyone who listened.

One day, while wandering through her grandmother's old attic, Zuzia came across a forgotten chest full of old puppets. These were puppets that her grandmother had made in her youth. But what made Zuzia stop and look closer was that, among the puppets, she found small, unusual elves. The elves were made from pieces of wood, fabric, and string, but they had something special – they moved! They were magical puppets – the puppet elves.

"Hi, Zuzia!" said one of the elves, jumping onto the table. "We're elves that come to life when someone like you has imagination!" he added with a smile.

Zuzia couldn't believe her eyes. There were tiny elves in front of her, talking and moving around. Soon, she discovered that each one of them had a unique talent – one could create amazing sets, another sculpted beautiful puppets, and the third could write the best stories.

"Welcome to our world, Zuzia," said one of the elves. "We can help you bring your stories to life. Let's create something together!"

Zuzia was overjoyed! With the help of the elves, she began to create the most beautiful performances the world had ever seen. Together, they solved many problems that plagued their city. For example, when a huge forgotten stone appeared in the park in Łódź, which no one could move, Zuzia and the elves created a performance where the stone came to life, and the city's residents discovered that inside the stone was a hidden water source.

Zuzia learned that with the help of friends and imagination, even the biggest problems could be solved. Together with the elves, she began to organize grand performances that attracted people from all over the city. In Zuzia's theatre, stories were created that not only entertained but also taught everyone the importance of cooperation, creativity, and tradition.

Zuzia began to realize how important the tradition of puppetry was, a tradition with deep roots in Poland, especially in Łódź, known as the cradle of puppet theatre. Thanks to the elves, Zuzia felt that puppetry was something that connected generations – something that had magic and the power to change the world.

One day, at the end of one of the performances, Zuzia said to her friends – the elves:

"Thank you for being here! Thanks to you, I can create stories that come to life and inspire others."

The elves laughed joyfully.

"Remember, Zuzia, imagination is the most powerful magic in the world. Together, we can create anything!"

39

Maks i Gwiezdny Zegar

Maks był marzycielem. Mieszkał we Wrocławiu, mieście pełnym tajemniczych zaułków i cudownych zakątków. Każdej nocy, kiedy niebo stawało się ciemne, Maks wędrował do swojego ulubionego miejsca – na wzgórze w pobliżu rzeki, skąd miał doskonały widok na gwiazdy. Patrzył na nie z zachwytem, bo każda gwiazda wydawała mu się opowieścią, którą trzeba było odszyfrować.

Pewnego wieczoru, kiedy Maks siedział na wzgórzu, coś niezwykłego przyciągnęło jego uwagę. W zaciszu, tuż obok jego miejsca, znajdowała się stara, pokryta kurzem wieża zegarowa, której nigdy wcześniej nie zauważył. To była bardzo dziwna wieża, niepodobna do żadnej innej w Wrocławiu. W jej wnętrzu znajdował się zegar, ale nie taki zwykły. To był Gwiezdny Zegar, o którym Maks nigdy wcześniej nie słyszał w żadnej książce ani opowieści. Zegar miał tarczę wypełnioną setkami migoczących gwiazd, a zamiast wskazówek miał świetliste strzałki, które poruszały się wokół tej tarczy.

Maks postanowił zbadać to niezwykłe urządzenie. Kiedy dotknął jednego z przycisków na zegarze, nagle poczuł, jak całe niebo wokół niego zaczyna się zmieniać. Gwiazdy na niebie zaczęły zanikać, jedna po drugiej, jakby ktoś je odłączał od nieba, a ciemność stawała się coraz gęstsza.

– Co się dzieje? – pomyślał Maks, przerażony.

W tym momencie usłyszał cichy głos, który dochodził z samego wnętrza zegara.

– Maksie, to ty musisz uratować gwiazdy! – powiedział głos. – Gwiezdny Zegar kontroluje wszystkie gwiazdy na niebie. Jeśli ich nie przywrócisz, ciemność wypełni cały świat.

Maks wziął głęboki oddech. Wiedział, że nie ma czasu do stracenia. Zegar zadrżał, a jego tarcza zaczęła świecić jeszcze mocniej. Maks poczuł, że zegar wciąga go do środka.

Zamiast siedzieć w ciszy na wzgórzu, Maks nagle znalazł się w magicznej przestrzeni – w samym sercu nocnego nieba. Płynął wśród gwiazd, które zaczynały znikać, a on musiał je odnaleźć, zanim zapadnie absolutna ciemność.

W swojej podróży Maks spotkał starą, mądrą sowę, która opowiedziała mu o polskich legendach o gwiazdach i niebie. W każdej z opowieści starsi ludzie mówili, że gwiazdy są duszami zmarłych bohaterów, które chronią nas z nieba. Jednak teraz, te dusze zniknęły, a Maks musiał przywrócić porządek.

– Gwiazdy znikają, bo ktoś zapomniał o dawnych legendach – wyjaśniła sowa. – Tylko jeśli przywrócisz zapomniane historie, gwiazdy powrócą na niebo.

Maks, pełen determinacji, wędrował po niebie, szukając zaginionych opowieści, które musiał przypomnieć sobie i ożywić. Każda historia, którą odzyskiwał, przywracała jedną gwiazdę na niebie. Opowiadał o Lechitach, którzy stworzyli wrocławskie miasto, o mitycznych stworzeniach, które pilnowały lasów i jezior, oraz o bohaterach, którzy kiedyś ratowali Polskę przed niebezpieczeństwem.

Z każdą opowieścią, którą przywracał, niebo stawało się jaśniejsze, a gwiazdy zaczynały błyszczeć na powrót. Wkrótce wszystkie gwiazdy wróciły na swoje miejsce, a Maks mógł znów podziwiać piękno nieba.

Kiedy Maks powrócił na ziemię, zrozumiał, że nie tylko gwiazdy były ważne. To, co naprawdę miało znaczenie, to pamięć o historii i kulturze, która była związana z tymi gwiazdami. Tylko wtedy, gdy pamiętamy o przeszłości, możemy cieszyć się pięknem teraźniejszości.

Wieczorem, na wzgórzu, Maks spojrzał w górę. Wszystkie gwiazdy znów świeciły, a on wiedział, że każda z nich ma swoją opowieść, którą warto pielęgnować.

– Dziękuję, Gwiezdny Zegarze – powiedział Maks z uśmiechem, patrząc na niebo. – Dziękuję za tę przygodę.

I tak Maks powrócił do swojej codziennej rzeczywistości, ale zawsze, kiedy patrzył w niebo, pamiętał o magicznej podróży, którą odbył dzięki Gwiezdnemu Zegarowi.

Max and the Star Clock

Max was a dreamer. He lived in Wrocław, a city full of mysterious alleys and beautiful corners. Every night, when the sky turned dark, Max would wander to his favorite place—on a hill near the river, where he had a perfect view of the stars. He gazed at them with awe, as each star seemed like a story that needed to be deciphered.

One evening, as Max sat on the hill, something extraordinary caught his attention. Close to his spot, hidden away in the quiet, was an old, dusty clock tower that he had never noticed before. It was a very peculiar tower, unlike any other in Wrocław. Inside it was a clock, but not just any clock. This was the Star Clock, a clock Max had never heard of in any book or story before. The clock's face was filled with hundreds of twinkling stars, and instead of hands, it had glowing arrows that moved around the face.

Max decided to investigate this unusual device. When he touched one of the buttons on the clock, he suddenly felt the whole sky around him begin to change. The stars in the sky began to vanish, one by one, as though someone was disconnecting them from the heavens, and the darkness grew deeper and deeper.

"What's happening?" Max thought, terrified.

At that moment, he heard a quiet voice coming from within the clock.

"Max, you must save the stars!" the voice said. "The Star Clock controls all the stars in the sky. If you don't restore them, darkness will fill the entire world."

Max took a deep breath. He knew there was no time to waste. The clock trembled, and its face began to shine even brighter. Max felt the clock pulling him inside.

Instead of sitting quietly on the hill, Max suddenly found himself in a magical space—in the heart of the night sky. He drifted among the stars that were disappearing, and he had to find them before complete darkness took over.

During his journey, Max met an old, wise owl, who told him stories of Polish legends about the stars and the sky. In every tale, elders spoke of the stars as the souls of fallen heroes, who watched over us from above. But now, those souls were gone, and Max had to restore order.

"The stars are disappearing because people have forgotten the old legends," explained the owl. "Only if you bring back the forgotten stories, will the stars return to the sky."

Determined, Max traveled through the sky, searching for the lost stories he needed to remember and revive. Every story he recovered brought one star back into the sky. He told stories of the Lechites, who founded the city of Wrocław, of mythical creatures guarding forests and lakes, and of heroes who once saved Poland from danger.

With every story Max restored, the sky grew brighter, and the stars began to sparkle again. Soon, all the stars returned to their places, and Max could admire the beauty of the sky once more.

When Max returned to the earth, he realized that it wasn't just the stars that were important. What truly mattered was the memory of the history and culture tied to those stars. Only by remembering the past could we appreciate the beauty of the present.

That evening, on the hill, Max looked up. All the stars were shining again, and he knew that each one had its own story that was worth preserving.

"Thank you, Star Clock," Max said with a smile, gazing at the sky. "Thank you for this adventure."

And so, Max returned to his everyday life, but whenever he looked up at the sky, he remembered the magical journey he had taken thanks to the Star Clock.

Hania i Baśniowy Zamek

Hania była odważną dziewczynką, która mieszkała w Malborku, niedaleko wielkiego zamku, który kiedyś był domem dla rycerzy i książąt. Codziennie, po szkole, Hania wędrowała po okolicach zamku, marząc o przygodach. Zamek Malbork, z jego potężnymi murami i wieżami, był pełen tajemnic, a Hania miała wrażenie, że skrywa on jeszcze wiele nieodkrytych zakamarków.

Pewnego dnia, podczas spaceru wokół zamku, Hania zauważyła coś dziwnego – w jednej z zapomnianych części zamku, gdzie nikt nie zaglądał od lat, pojawiła się migocząca światłość. Zaintrygowana, postanowiła odkryć, co się tam dzieje. Weszła przez niewielkie drzwi, które nagle otworzyły się przed nią, jakby zapraszając ją do środka.

W środku czekało na nią coś, czego się nie spodziewała. Zamek, który widziała na co dzień, zmienił się w baśniowy świat pełen żywych postaci – księżniczki w kolorowych sukniach, smoki z łuskami błyszczącymi jak złoto, oraz czarodzieje unoszący się w powietrzu. Wszyscy ci bohaterowie wyjęci jakby prosto z książek, patrzyli na Hanię z nadzieją.

– Witamy, Haniu! – powiedziała uśmiechnięta księżniczka. – Jesteś naszą jedyną nadzieją.

Hania była zaskoczona, ale szybko zrozumiała, że ci bohaterowie utknęli w swoich baśniach. Ich historie zostały przerwane, a oni nie mogli wrócić do swoich opowieści, dopóki nie znajdą rozwiązania swoich problemów.

– Każdy z nas ma niezakończoną opowieść – wyjaśnił smok, który miał łuski w odcieniach tęczy. – Potrzebujemy twojej pomocy, Haniu. Tylko ty możesz dokończyć nasze historie.

Hania zgodziła się pomóc, a każdy bohater opowiedział jej swoją opowieść. Księżniczka była zamknięta w wieży, czekając na ratunek, ale nie mogła znaleźć odwagi, by uwolnić się sama. Czarodziej utknął w swojej magicznej książce, nie wiedząc, jak zakończyć zaklęcie. A smok był smutny, bo nie wiedział, jak odzyskać utraconą przyjaźń ze swoim dawnym przyjacielem, innym smokiem.

Hania postanowiła, że pomoże każdemu z nich. Zaczęła od księżniczki. Wzięła ją za rękę i powiedziała:

– Odwaga nie zawsze oznacza, że musimy być silni. Czasami wystarczy poprosić o pomoc. Nie musisz być sama, by być bohaterką.

Księżniczka zrozumiała, że nie musi czekać na kogoś, by ją uratował. Z pomocą Hani odważyła się opuścić wieżę i dokończyć swoją historię.

Następnie Hania pomogła czarodziejowi, który bał się, że jego zaklęcie nigdy nie będzie pełne. Hania przypomniała mu, że magia nie polega na perfekcji, ale na wierze we własne możliwości. Czarodziej dokończył swoje zaklęcie, a jego magia znów stała się silna.

Na końcu, Hania pomogła smokowi odzyskać przyjaźń. Przypomniała mu, że prawdziwa przyjaźń opiera się na wybaczeniu i zrozumieniu. Smok w końcu znalazł swojego przyjaciela i obaj wrócili do lat młodości, pełni radości.

Każda z postaci wróciła do swojej opowieści, ale tym razem zakończyła ją w sposób, który był dla nich prawdziwie szczęśliwy. Zamek Malbork powrócił do swojej normalnej formy, ale w sercu Hani zostały wspomnienia tej magicznej podróży.

– Dziękujemy ci, Haniu – powiedziała księżniczka. – Twoje serce pełne empatii i dobroci uratowało naszą baśń. Jesteś prawdziwą bohaterką.

Hania wróciła do domu, a każdy dzień przypominał jej o tym, jak ważne są uczucia i wzajemna pomoc. Choć zamek powrócił do zwykłej rzeczywistości, w jej sercu zawsze pozostał Baśniowy Zamek, miejsce pełne magii, gdzie dobroć i empatia były kluczem do szczęśliwego zakończenia każdej opowieści.

Hania and the Fairy Tale Castle

Hania was a brave little girl who lived in Malbork, near the grand castle that had once been home to knights and princes. Every day after school, Hania would wander around the castle, dreaming of adventures. Malbork Castle, with its towering walls and turrets, was full of mysteries, and Hania had the feeling that it still hid many undiscovered corners.

One day, while walking around the castle, Hania noticed something strange – in one of the forgotten parts of the castle, where no one had ventured for years, there was a flickering light. Intrigued, she decided to discover what was happening there. She walked through a small door that suddenly opened before her, as if inviting her inside.

Inside, she found something completely unexpected. The castle she knew every day had transformed into a fairy-tale world, filled with living characters – princesses in colorful dresses, dragons with scales that shimmered like gold, and wizards floating in the air. All these heroes, as if taken straight from books, looked at Hania with hope.

"Welcome, Hania!" said a smiling princess. "You are our only hope."

Hania was surprised, but quickly understood that these characters were stuck in their fairy tales. Their stories had been interrupted, and they couldn't return to their narratives until they found solutions to their problems.

"Each of us has an unfinished story," explained a dragon with scales in shades of the rainbow. "We need your help, Hania. Only you can complete our stories."

Hania agreed to help, and each hero told her their tale. The princess was locked in a tower, waiting to be rescued, but she lacked the courage to free herself. The wizard was stuck in his magical book, unsure how to complete a spell. And the dragon was sad because he didn't know how to regain his lost friendship with another dragon.

Hania decided that she would help each of them. She started with the princess. She took her hand and said:

"Courage doesn't always mean being strong. Sometimes, it's enough to ask for help. You don't have to be alone to be a hero."

The princess understood that she didn't have to wait for someone else to rescue her. With Hania's help, she found the courage to leave the tower and complete her story.

Next, Hania helped the wizard, who feared his spell would never be complete. Hania reminded him that magic isn't about perfection, but about believing in one's own abilities. The wizard completed his spell, and his magic became strong again.

Finally, Hania helped the dragon regain his friendship. She reminded him that true friendship is based on forgiveness and understanding. The dragon finally found his friend, and they both returned to their youthful joy.

Each of the characters returned to their story, but this time, they finished it in a way that brought them true happiness. Malbork Castle returned to its usual form, but in Hania's heart, the memories of that magical journey stayed with her.

"Thank you, Hania," said the princess. "Your heart, full of empathy and kindness, saved our fairy tale. You are a true heroine."

Hania returned home, and each day reminded her how important feelings and mutual help are. Although the castle had returned to ordinary reality, in her heart, the Fairy Tale Castle would always remain – a place full of magic, where kindness and empathy were the keys to a happy ending for every story.

Krzysiek i Magiczny Bursztyn

Krzysiek mieszkał na pięknej polskiej wybrzeżu, w małej wiosce nad Morzem Bałtyckim. Był chłopcem pełnym energii i pomysłów, zawsze gotowym na przygodę. Często spacerował po plaży, zbierając kamyki, muszle i kawałki bursztynu, które wyrzucały fale. Bursztyn zawsze go fascynował – miał piękny, złocisty blask, a legendy mówiły, że jest to kamień, który potrafi spełniać życzenia.

Pewnego dnia, podczas spaceru po plaży, Krzysiek znalazł coś niezwykłego – kawałek bursztynu, który wyglądał jak zwykły kamień, ale kiedy dotknął go palcem, poczuł dziwne ciepło. Nagle bursztyn rozbłysnął jasnym światłem, a w głowie Krzyśka pojawił się głos.

– Życzenie, Krzysiu? Powiedz, czego pragniesz, a twój najskrytszy pomysł stanie się rzeczywistością.

Krzysiek zdumiał się, ale nie zastanawiał się długo. Zdecydował się wypróbować magiczną moc bursztynu.

– Chciałbym mieć najnowszy model roweru, o jakim marzyłem – powiedział, patrząc na kawałek bursztynu.

W mgnieniu oka przed nim pojawił się przepiękny, błyszczący rower. Krzysiek skakał z radości, dziękując bursztynowi za spełnione życzenie. Jednak po chwili dostrzegł coś, czego się nie spodziewał – jego stary rower, który zawsze mu służył, zniknął. Zamiast niego na jego miejscu leżała stosy odpadków i resztek.

Bursztyn nie spełnił tylko jednego życzenia, on zabrał coś, co było dla Krzyśka cenne.

Krzysiek zdziwił się, ale szybko pomyślał o kolejnym życzeniu. Przypomniał sobie, że chciałby mieć ogromną, pełną słodyczy piwniczkę w swoim domu. Przez chwilę rozważał, co jeszcze można by życzyć, ale w końcu powiedział:

– Chciałbym, żeby moja piwnica była pełna najpyszniejszych cukierków na świecie!

Zaraz po tym jak wypowiedział życzenie, przed jego oczami pojawiła się piwnica pełna najróżniejszych słodyczy – czekoladki, cukierki, lody, lizaki. Krzysiek od razu wbiegł do środka, by skosztować słodkości, ale gdy tylko ruszył w stronę pierwszych cukierków, poczuł dziwny zapach. Piwnica zaczęła się wypełniać nie tylko słodyczami, ale także ogromnymi górkami cukru, które zaczęły zalewać całą przestrzeń. Zamiast pięknej piwniczki Krzysiek zobaczył tylko haos – stosy rozpuszczających się cukierków i zamglone powietrze.

Krzysiek zrozumiał, że każde życzenie, choć spełnione, może wiązać się z nieoczekiwanymi konsekwencjami. Poczuł, jak ważne jest, aby dobrze przemyśleć każde słowo, które wypowiadał, bo magia bursztynu miała swoją cenę.

Wrócił nad morze, patrząc na bursztyn, który leżał w jego dłoni. Wtedy zdał sobie sprawę, że prawdziwą wartością nie są materialne rzeczy, ale to, co mamy w sercu i w naszej codziennej życiu.

Zdecydował się wypowiedzieć ostatnie życzenie, tym razem starannie przemyślane:

– Chciałbym, żeby wszystkie moje życzenia były takie, by nikomu nie wyrządziły krzywdy, a to, co naprawdę ważne, zawsze było ze mną.

Bursztyn zabłysnął, a Krzysiek poczuł, że cała magia zamienia się w spokój i harmonię. Zrozumiał, że prawdziwym skarbem nie są przedmioty, które można kupić, ale umiejętność dostrzegania piękna w prostych rzeczach.

Krzysiek and the Magic Amber

Krzysiek lived on the beautiful Polish coast, in a small village by the Baltic Sea. He was an energetic and imaginative boy, always ready for an adventure. He often walked along the beach, collecting pebbles, seashells, and pieces of amber that the waves washed ashore. Amber had always fascinated him – its beautiful golden glow, and the legends that said it was a stone capable of granting wishes.

One day, while walking along the beach, Krzysiek found something unusual – a piece of amber that looked like an ordinary stone, but when he touched it with his finger, he felt a strange warmth. Suddenly, the amber flashed with bright light, and a voice appeared in his mind.

"A wish, Krzysiek? Tell me what you desire, and your deepest wish will come true."

Krzysiek was astonished, but he didn't hesitate for long. He decided to test the magic of the amber.

"I would like to have the newest model of the bike I've always dreamed of," he said, looking at the amber.

In the blink of an eye, a magnificent, shiny bike appeared in front of him. Krzysiek jumped for joy, thanking the amber for granting his wish. But after a moment, he noticed something unexpected – his old bike, which had always served him well, was gone. In its place lay a pile of scraps and leftover parts. The amber hadn't just granted his wish – it had taken something precious from him.

Krzysiek was surprised, but he quickly thought of another wish. He remembered that he had always wanted a huge cellar full of sweets in his house. He considered what else he might wish for, but finally said:

"I wish for my cellar to be full of the most delicious candies in the world!"

As soon as he made his wish, a cellar full of all kinds of sweets appeared before him – chocolates, candies, ice cream, lollipops. Krzysiek immediately ran inside to taste the treats, but as soon as he reached the first candies, he smelled a strange odor. The cellar started to fill not just with sweets, but with huge piles of sugar that began to flood the entire space. Instead of a beautiful cellar, Krzysiek saw only chaos – heaps of melting candies and hazy air.

Krzysiek realized that every wish, though granted, could have unexpected consequences. He understood how important it was to think carefully about every word he spoke, because the magic of amber had its price.

He returned to the sea, looking at the amber lying in his hand. That's when he realized that the true value was not in material things, but in what we carry in our hearts and in our everyday lives.

He decided to make one last wish, this time carefully thought out:

"I wish for all my wishes to be such that they harm no one, and that what is truly important is always with me."

The amber glowed brightly, and Krzysiek felt the magic turn into peace and harmony. He understood that the real treasure was not the things we can buy, but the ability to see beauty in simple things.

Ania i Królewskie Wzgórze

Ania była ciekawską i odważną dziewczynką, która mieszkała w Lublinie. Uwielbiała spędzać czas na odkrywaniu tajemniczego świata wokół siebie. Pewnego słonecznego dnia, podczas spaceru po okolicy, natknęła się na stare wzgórze, o którym słyszała tylko w opowieściach starszych mieszkańców wioski. Wszyscy mówili, że to Królewskie Wzgórze, gdzie co sto lat gromadzą się duchy polskich królów i królowych.

Zafascynowana, Ania postanowiła wspiąć się na wzgórze, aby sprawdzić, co kryje się na szczycie. Gdy dotarła na górę, zauważyła, że miejsce wyglądało inaczej niż reszta świata – powietrze było rześkie i pełne tajemniczego blasku, a w oddali widniał zamek, który zdawał się unosić na chmurach.

Nagle, przed Anią pojawiły się postacie w starych, królewskich szatach. Byli to duchy polskich władców – królów i królowych, którzy nie zdawali sobie sprawy, że nie żyją już na tym świecie. Zatrzymali się na widok Anii, patrząc na nią z zaskoczeniem.

– Ty! – zawołał król Bolesław, jego oczy błyszczały w blasku księżyca. – Ty wyglądasz jak nasza utracona księżniczka!

Ania zdziwiła się. – Ja? Księżniczka? Przepraszam, ale nie jestem żadną księżniczką – odpowiedziała, czując się nieco zawstydzona.

Jednak duchy były pewne. Uznały, że Ania jest tą, którą szukali, i poprosiły ją, by pomogła im wrócić do swojego zamku na niebie, który zniknął w chmurach już setki lat temu. Królowie i królowe potrzebowali przewodnika, który znałby drogę, aby przywrócić zamek do jego dawnej świetności.

Ania, choć poczuła strach, zgodziła się na pomoc. Wiedziała, że to jej wielka szansa na przeżycie niesamowitej przygody. Wraz z królewskimi duchami wyruszyła w podróż przez tajemniczy świat, pełen zaczarowanych lasów, zapomnianych miejsc i ukrytych skarbów.

Po drodze Ania poznała historie polskich królów i królowych. Dowiedziała się o wielkich bitwach, które miały miejsce na ziemiach Polski, o zamkach, które stały w niegdyś wspaniałych miastach, i o tradycjach, które kształtowały jej kraj przez wieki. Duchy opowiadały jej o swojej odwadze, ale także o trudnych decyzjach, które musieli podejmować, aby utrzymać swoje królestwa w zgodzie i pokoju.

W miarę jak podróżowali w górę, Ania coraz bardziej zrozumiała, jak wielką rolę w życiu ludzi odgrywa odwaga, ale także mądrość i odpowiedzialność. Zaczęła rozumieć, że bycie królem lub królową to nie tylko władza i bogactwa, ale przede wszystkim troska o innych i odpowiedzialność za całą swoją ziemię.

W końcu, po długiej wędrówce, dotarli do zamku uniesionego wysoko na niebie. Królewskie duchy z radością powitały swoje dawne miejsce, a Ania poczuła, że wzięła udział w czymś wyjątkowym.

– Dziękujemy ci, Aniu – powiedziała królowa Jadwiga, uśmiechając się. – Dzięki tobie odzyskaliśmy naszą dawno utraconą chwałę. Pamiętaj, że odwaga i mądrość to skarby, które wciąż kształtują nasz świat.

Ania wróciła na ziemię, pełna nowej wiedzy o polskiej historii, ale także o sobie samej. Wiedziała teraz, że prawdziwa siła nie tkwi tylko w wielkich czynach, ale także w codziennej trosce i gotowości do pomocy innym.

Królestwo, które odwiedziła, pozostało w jej sercu na zawsze, a wzgórze, na którym poznała ducha historii Polski, stało się jej ulubionym miejscem do refleksji i odkrywania kolejnych tajemnic.

Ania and the Royal Hill

Ania was a curious and brave girl who lived in Lublin. She loved spending time exploring the mysterious world around her. One sunny day, while walking through the neighborhood, she stumbled upon an old hill that she had only heard about in stories from the older villagers. Everyone said it was the Royal Hill, where every hundred years, the spirits of Polish kings and queens gathered.

Fascinated, Ania decided to climb the hill to see what lay at the top. When she reached the summit, she noticed that the place looked different from the rest of the world – the air was fresh and filled with a mysterious glow, and in the distance, there was a castle that seemed to float on clouds.

Suddenly, figures appeared before Ania, dressed in old royal robes. These were the spirits of Polish rulers – kings and queens who didn't realize they were no longer alive. They stopped in their tracks when they saw Ania, gazing at her in surprise.

"You!" called King Bolesław, his eyes gleaming in the moonlight. "You look like our lost princess!"

Ania was taken aback. "Me? A princess? I'm sorry, but I'm not a princess," she replied, feeling a bit embarrassed.

However, the spirits were certain. They believed Ania was the one they had been searching for, and they asked her to help them return to their castle in the sky, which had disappeared into the clouds hundreds of years ago. The kings and queens needed a guide who knew the way to restore the castle to its former glory.

Although Ania felt afraid, she agreed to help. She knew this was her big chance to experience an incredible adventure. Together with the royal spirits, she set off on a journey through a mysterious world, filled with enchanted forests, forgotten places, and hidden treasures.

Along the way, Ania learned about the stories of Polish kings and queens. She heard about great battles fought on Polish lands, about castles that once stood in magnificent cities, and about traditions that had shaped her country for centuries. The spirits shared tales of their courage, but also of the difficult decisions they had to make to keep their kingdoms in peace and harmony.

As they traveled higher, Ania began to understand how important courage was in the lives of people, but also wisdom and responsibility. She started to realize that being a king or queen wasn't just about power and wealth, but about caring for others and being responsible for all their land.

Finally, after a long journey, they reached the castle high in the sky. The royal spirits joyfully welcomed their former home, and Ania felt that she had been part of something truly special.

"Thank you, Ania," said Queen Jadwiga, smiling. "Thanks to you, we've regained our long-lost glory. Remember, courage and wisdom are treasures that still shape our world."

Ania returned to the earth, filled with new knowledge about Polish history, but also about herself. She now understood that true strength is not just in great deeds, but also in everyday care and a willingness to help others.

The kingdom she had visited remained in her heart forever, and the hill where she had encountered the spirit of Poland's history became her favorite place to reflect and discover new secrets.

Jacek i Zaczarowany Las

———

Jacek mieszkał w małej wiosce u podnóża Bieszczad. Był chłopcem pełnym energii i ciekawości, zawsze gotowym na nowe przygody. Mieszkańcy wioski opowiadali mu wiele legend o tajemniczym lesie, który rozciągał się tuż za ich domami. Nikt nie odważył się wchodzić do tego lasu, ponieważ mówiono, że jest on zaczarowany. Mówiło się, że drzewa w tym lesie porozumiewają się ze sobą, a zwierzęta mają magiczną moc. Przez wiele lat las ten był dla wioski miejscem tajemnicy i strachu.

Pewnego dnia Jacek, nie mogąc oprzeć się pokusie, postanowił wyruszyć do tego zakazanego miejsca. Zrobił to w tajemnicy, wiedząc, że nie będzie łatwo przekonać dorosłych, by pozwolili mu na taką wyprawę. Wziął ze sobą tylko nóż, trochę jedzenia i ogromną chęć odkrywania nieznanego.

Kiedy wszedł do lasu, poczuł, że coś jest inaczej niż zwykle. Powietrze było świeże, a drzewa miały niezwykle intensywny zapach. Czuł, jakby sam las patrzył na niego, jakby to było miejsce, które znało wszystkie tajemnice świata. Po chwili usłyszał głos:

– Witaj, młody przybyszu.

Jacek rozejrzał się w zdumieniu. Zza jednego z drzew wyszła sowa, której oczy błyszczały w półmroku.

– Kim jesteś? – zapytał Jacek, niepewnie.

– Jestem Mądra Sowa, strażniczka tego lasu. A ty, chłopcze, przyszedłeś szukać odpowiedzi, prawda?

Jacek nie wiedział, co odpowiedzieć, ale czuł, że sowa mówi prawdę.

– Tak, przyszłem poznać tajemnice tego lasu. Co tu się dzieje?

Mądra Sowa spojrzała na niego z powagą.

– Ten las jest zaczarowany, ale nie w sposób, jaki ci się wydaje. Dawno temu został obłożony klątwą, która sprawiła, że wszystko w nim porusza się i zmienia, a drzewa i zwierzęta zaczęły rozmawiać. Jedynym sposobem na złamanie tej klątwy jest przywrócenie równowagi w naturze.

W tym momencie Jacek usłyszał cichy śmiech. Z krzaków wyskoczył lis, który miał błyskotliwe oczy i szeroki uśmiech.

– A ja jestem Lisek, mistrz w sprawach zabawy i sprytnych sztuczek – powiedział, machając ogonem. – Pomożemy ci, Jacek, ale pamiętaj, żeby nie dać się zmylić. Las ma swoje zasady, a nie wszystkie zwierzęta są przyjazne.

Jacek patrzył na Liska z zaciekawieniem, a Mądra Sowa dodała:

– Las jest pełen prób, które mogą wprowadzić cię w błąd. Czasami to, co wygląda na pomoc, może być tylko pułapką. Będziesz musiał nauczyć się słuchać i rozumieć, co mówi do ciebie natura.

Jacek ruszył za Sową i Lisem, którzy poprowadzili go przez zaczarowany las. Każdy krok stawiał na ziemi, która zdawała się oddychać, a drzewa szeptały wiatrem historie sprzed wieków. Napotkali ogromne głazy, które były jak wrota do innych światów. Spotkali jelenia, który ostrzegał ich przed nadchodzącą burzą, i małego królika, który pomagał odnaleźć zaginioną drogę.

W głębi lasu, Jacek i jego przyjaciele znaleźli miejsce, w którym stał wielki kamienny krąg. W jego środku znajdowała się korona, pokryta mchem i porostami.

– To jest klucz do złamania klątwy – powiedziała Sowa. – Włóż koronę na swoje głowę, Jacek, ale pamiętaj, że aby wszystko wróciło do normy, musisz zachować równowagę między ludźmi a naturą.

Jacek ostrożnie włożył koronę na głowę. Nagle, las rozbłysnął jasnym światłem, a wszystkie stworzenia zamilkły. Z nieba zaczęły spadać płatki kwiatów, a ziemia pod jego stopami zaczęła się delikatnie trząść. Klątwa została złamana.

Kiedy wszystko ucichło, Jacek poczuł, że jest częścią tego magicznego miejsca. Zrozumiał, jak ważne jest, aby szanować i dbać o naturę, nie tylko dla siebie, ale dla przyszłych pokoleń.

W drodze powrotnej do wioski, Mądra Sowa i Lisek pożegnali go, życząc mu, by nigdy nie zapomniał o naukach, które wyniósł z tego lasu.

– Pamiętaj, Jacek, że to, co najpiękniejsze w życiu, nie zawsze jest widoczne na pierwszy rzut oka – powiedziała Sowa. – Ale zawsze warto szukać harmonii w tym, co nas otacza.

Jacek wrócił do wioski, pełen nowych doświadczeń i mądrości. Wiedział teraz, że las, choć pełen tajemnic, jest także miejscem, które trzeba chronić. I że równowaga w naturze jest kluczem do prawdziwego szczęścia.

Jacek and the Enchanted Forest

Jacek lived in a small village at the foot of the Bieszczady Mountains. He was an energetic and curious boy, always ready for new adventures. The villagers often told him many legends about a mysterious forest that stretched just beyond their homes. No one dared to enter the forest, as it was said to be enchanted. People spoke of trees communicating with each other and animals possessing magical powers. For many years, this forest had been a place of mystery and fear for the village.

One day, unable to resist the temptation, Jacek decided to venture into this forbidden place. He did it in secret, knowing it wouldn't be easy to convince the adults to let him go on such an expedition. He took only a knife, some food, and a great desire to discover the unknown.

When he entered the forest, he felt that something was different from usual. The air was fresh, and the trees had an unusually intense fragrance. It felt as if the forest itself was watching him, like a place that knew all the secrets of the world. After a moment, he heard a voice:

"Welcome, young traveler."

Jacek looked around in astonishment. From behind one of the trees emerged an owl, her eyes shining in the dim light.

"Who are you?" Jacek asked, uncertain.

"I am the Wise Owl, the guardian of this forest. And you, young boy, have come seeking answers, haven't you?"

Jacek didn't know what to answer, but he felt that the owl was telling the truth.

"Yes, I came to learn the secrets of this forest. What is happening here?"

The Wise Owl looked at him seriously.

"This forest is enchanted, but not in the way you might think. Long ago, it was cursed, causing everything in it to move and change. The trees and animals began to speak. The only way to break the curse is to restore balance in nature."

At that moment, Jacek heard a soft laugh. A fox sprang out from the bushes, his eyes gleaming and a wide smile on his face.

"And I am the Fox, a master of games and clever tricks," he said, wagging his tail. "We will help you, Jacek, but remember, don't let yourself be deceived. The forest has its own rules, and not all the animals are friendly."

Jacek looked at the Fox with curiosity, and the Wise Owl added:

"The forest is full of trials that could mislead you. Sometimes what appears to be help may actually be a trap. You will have to learn to listen and understand what nature is telling you."

Jacek followed the Owl and the Fox as they led him through the enchanted forest. Every step he took seemed to make the earth breathe beneath him, and the trees whispered with the wind, telling stories from centuries past. They encountered huge boulders that acted like gateways to other worlds. They met a stag who warned them of an approaching storm, and a little rabbit who helped them find a lost path.

Deeper into the forest, Jacek and his companions found a place where a large stone circle stood. In the center was a crown, covered with moss and lichen.

"This is the key to breaking the curse," said the Owl. "Put the crown on your head, Jacek, but remember that in order for everything to return to normal, you must maintain balance between humans and nature."

Jacek carefully placed the crown on his head. Suddenly, the forest blazed with bright light, and all the creatures fell silent. Flower petals began to fall from the sky, and the ground beneath his feet gently shook. The curse was broken.

When everything quieted down, Jacek felt that he was part of this magical place. He understood how important it was to respect and care for nature, not only for himself but for future generations.

On their way back to the village, the Wise Owl and the Fox bid him farewell, wishing that he would never forget the lessons he learned from the forest.

"Remember, Jacek, that the most beautiful things in life are not always visible at first glance," said the Owl. "But it is always worth seeking harmony in what surrounds us."

Jacek returned to the village, full of new experiences and wisdom. He now knew that the forest, although full of mysteries, was also a place that needed to be protected. And that balance in nature is the key to true happiness.